AF245947

ASSOCIATION FRANÇAISE

POUR

L'AVANCEMENT DES SCIENCES

CONGRÈS DE LILLE

1874

M

PARIS

AU SECRÉTARIAT DE L'ASSOCIATION

76, rue de Rennes.

ASSOCIATION FRANÇAISE
POUR L'AVANCEMENT DES SCIENCES

Congrès de Lille — 1874.

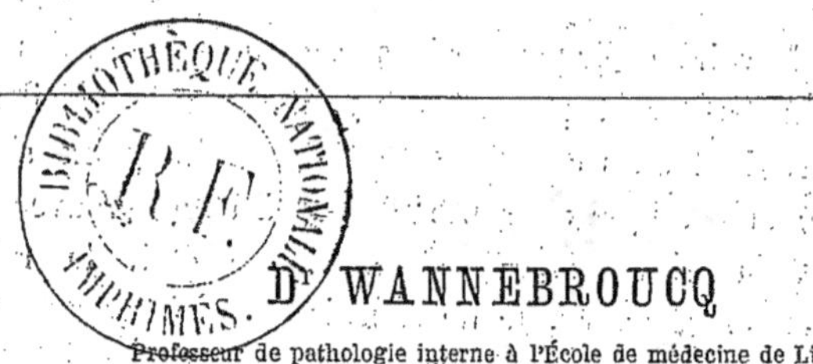

D' WANNEBROUCQ
Professeur de pathologie interne à l'École de médecine de Lille.

DE L'ENTÉRITE INTERSTITIELLE (ENTÉRITE PSEUDO-MEMBRANEUSE)
ET PARTICULIÈREMENT
DU SIÉGE ET DE LA NATURE DE CETTE AFFECTION

— *Séance du 21 août 1874.* —

Vers le milieu de l'année 1863, je présentai à mes collègues de la Société de médecine du Nord des fausses membranes intestinales longues de plusieurs pieds, larges, épaisses, rejetées par une malade entrée à l'hôpital pour un cancer de l'utérus, mais atteinte déjà depuis nombre d'années de douleurs abdominales accompagnées fréquemment de l'évacuation de produits morbides semblables.

J'avais recueilli peu de temps auparavant une pseudo-membrane très-solide, longue de 1ᵐ,20, qui figure actuellement dans la collection anatomo-pathologique de notre École de médecine. Cette dernière pièce provenait d'une dame de la ville atteinte, depuis plus d'un mois, d'accidents abdominaux aigus graves, accompagnés presque journellement de l'expulsion de matières stercorales rares et dures, ou de fausses membranes de volume et de longueur variables.

Me trouvant déjà depuis quelque temps aux prises avec plusieurs cas de même nature, rebelles à des traitements variés, j'espérais obtenir de mes confrères d'utiles conseils ; mais malgré la grande expérience et le haut savoir de la plupart d'entre eux, ma présentation les prenait au dépourvu. Plusieurs déclarèrent avoir été témoins de faits analogues récents ou remontant à un certain nombre d'années, mais aucun n'était fixé sur la nature du mal, sur la marche habituelle de l'affection, sur sa terminaison, sur la médication à lui opposer.

Ces desiderata constituaient une trop large lacune de science et de pra-

AM

tique pour que je ne fisse pas quelques tentatives pour la combler. Je recherchai donc dans les auteurs toutes les indications propres à me servir de guide et je résolus d'étudier attentivement, à l'avenir, tous les cas de cette espèce qui se présenteraient à mon observation.

Depuis plus de dix ans j'ai rassemblé de nombreux matériaux sur ce sujet et me propose d'en signaler, dans ce travail, les points les plus importants.

Historique. — A voir le silence gardé sur cette question des fausses membranes intestinales par la plupart des traités classiques, il semblerait que la maladie dont elles constituent un des principaux signes est tellement rare que la pratique courante n'a pas à compter avec elle, et qu'elle ne vaut pas la peine d'être étudiée. Si telle était la raison de cet oubli ou de cette négligence, je ne saurais trop m'élever contre elle. J'estime au contraire que cette rareté supposée n'est qu'apparente. Cette affection, n'ayant pas jusqu'ici trouvé sa place dans les ouvrages de pathologie, passe souvent inaperçue; les phénomènes en sont mal interprétés, à tel point que si le hasard en amène un exemple sous les yeux d'un observateur, celui-ci croit avoir rencontré quelque trouble morbide exceptionnel, ignoré de ses devanciers, et cela parce qu'il ne lui connaît ni un nom ni une place dans les cadres nosologiques.

Pourtant, en retournant en arrière de quelques générations médicales, nous trouvons déjà des preuves que cette excrétion de corps membraniformes avec les garde-robes avait été curieusement remarquée, sinon interprétée à sa juste valeur.

Morgagni (XXXIᵉ lettre : *des Flux de ventre*) dit que dans la dysenterie on peut rendre des corps gras en apparence, charnus et membraneux, sans qu'aucun ulcère affecte les intestins. Il rapporte, d'après Zollicoffer, le fait d'une concrétion pituiteuse rendue par Justus, de Leipsick, par le ventre, telle que celui-ci s'imagina que c'étaient des intestins parce qu'elle en avait la forme. Il emprunte à Fernel l'observation de la maladie de l'ambassadeur de Charles-Quint, qui expulsa un corps ferme et percé d'un conduit dans son milieu et long d'un pied.

Sennert, Lancisi savaient et enseignaient « que certains tænias des » intestins n'étaient pas des vers, mais des excréments muqueux qui » prenaient cette forme dans les intestins. »

Roche (1) décrit la gastro-entérite membraneuse à l'état aigu et à l'état chronique; mais la description en est tout à fait incomplète, au point de vue des symptômes, et il a le tort de rapprocher l'entérite membraneuse aiguë des affections diphthéritiques, telles que l'angine couenneuse et le croup, avec lesquelles, dit-il, « cette forme d'entérite

---

(1) *Nouveaux Éléments de pathologie médico-chirurgicale*, de Roche et Sanson; 3ᵉ édit. 1833, t. I, p. 557.

» semble former un genre d'inflammation particulière que M. Breton-
» neau propose de désigner sous le nom de diphthérite. »

Pour l'entérite membraneuse chronique, il la connaît mieux et la
décrit succinctement avec assez de vérité. Il a examiné des malades
chez qui l'affection durait depuis vingt et trente ans. Il croit qu'elle
n'est pas produite par des causes spéciales, mais qu'elle est liée à l'idio-
syncrasie des individus ; « ce qui ne nous apprend pas grand'chose »,
avoue-t-il sincèrement. Si incomplètes que soient les notions contenues
dans l'ouvrage de Roche et Sanson, il est à regretter que les écrivains
venus après eux n'aient pas conservé dans leurs divisions des maladies
du tube digestif cette variété d'entérite. Ils eussent épargné aux observateurs bien des incertitudes et des embarras.

Les auteurs du *Compendium de médecine pratique* (t. V, p. 399)
admettent bien, au point de vue anatomique, l'entérite pseudo-membraneuse comme forme d'inflammation intestinale aiguë. Ils en rapportent
quelques exemples empruntés à Cruveilhier, Gendrin, Bretonneau,
Copland, Billard, Valleix, Barthez et Rilliet, avec détails nécroscopiques,
mais il n'en est plus question à propos de la symptomatologie.

Gendrin, traitant de la dyspepsie nidoreuse, dit que dans les cas où
l'autopsie a pu être faite, il a souvent trouvé, outre des liquides variés
dans la cavité de l'intestin, des mucosités adhérentes. « Le mucus déposé
» et comme agglutiné sur la surface de la muqueuse gastro-intestinale
» acquiert quelquefois une assez grande densité pour former des con-
» crétions d'apparence pseudo-membraneuse, qui sont excrétées avec les
» selles et que l'on rencontre dans les intestins après la mort. » (*Traité
philosophique de médecine pratique*, 1841, t. III, p. 23.)

Barthez et Rilliet, dans leur division des catarrhes et phlegmasies du
tube gastro-intestinal, admettent la gastro-entérite pseudo-membraneuse
et donnent des détails nécroscopiques sur cette forme d'inflammation.
Mais il est évident à la lecture de leur description qu'ils ont le plus
souvent rencontré du muguet ou des exsudats pultacés et rarement de
véritables fausses membranes d'une consistance et d'une dimension no-
tables. Si j'en crois d'ailleurs une observation déjà longue, celles-ci ne
se produisent pas chez les nouveau-nés.

Les séances de la Société anatomique de Paris ont été, à plusieurs
reprises, le théâtre de discussions sur le sujet qui nous occupe. En 1854,
M. Broca y présente de fausses membranes intestinales provenant de
divers membres d'une même famille. M. Cruveilhier déclare voir souvent des personnes qui rendent ainsi des fausses membranes. En 1857,
M. Potain y montre des fausses membranes longues de 30 à 40 centimètres. Il n'en connaît pas, dit-il, d'exemples mentionnés dans la
science. Dans le cours d'une discussion qui s'engage alors, MM. Dufour,

Barth, Axenfeld, Blondeau citent différents faits analogues. M. Potain résume ainsi la discussion : « Quoique l'histoire de ces productions » mucoso-gélatineuses soit encore très-incomplète, on peut déjà les di- » viser en deux classes : les unes seraient formées de mucus concret, » les autres seraient l'exsudat d'une sécrétion toute particulière se for- » mant dans l'intestin. Elles seraient l'expression d'une maladie peut- » être spéciale, encore incomplétement connue. »

Dans son précieux ouvrage sur les affections pseudo-membraneuses, M. Laboulbène consacre quelques pages à l'étude de l'*entérite couen- neuse*. Il n'admet pas l'identité des fausses membranes intestinales avec les produits analogues de la diphthérie et du muguet. La description anatomique qu'il en donne est complète. Il cite une curieuse observa- tion d'entérite pseudo-membraneuse aiguë empruntée au *Recueil de Mé- moires de médecine, de chirurgie et de pharmacie militaires* (t. XXXVII, p. 297, 1835). Il parle, dans un chapitre spécial, des mucosités intesti- nales colloïdes et des concrétions gélatiniformes. C'est à tort, selon moi, qu'il sépare ces deux sortes d'exsudats, lesquels ne sont que des degrés divers d'un même produit inflammatoire.

Cruveilhier (*Traité d'anatomie pathologique générale*, 1862, t. IV, p. 451) n'a pas omis de signaler les fausses membranes rubanées ou tubuliformes expulsées avec les matières alvines, souvent prises par des personnes étrangères à l'art pour des vers intestinaux.

Grisolle parle incidemment de concrétions albumino-fibrineuses qui peuvent être expulsées par l'intestin. Chez un membre de sa famille il en a observé pendant de longues années. Il croyait à l'existence d'une entéralgie après avoir d'abord songé à une affection organique (*Patho- logie interne*, t. II, p. 727, 8e édition, 1862).

C'est vers cette époque que je publiai successivement (*Bulletin médi- cal du Nord*, 1863), deux notes qui accompagnaient la présentation de fausses membranes intestinales remarquables par leur longueur et leur consistance, m'efforçant déjà dès ce moment de différencier l'entérite commune de celle qui donnait lieu à de tels exsudats.

Le docteur Perroud a fait paraître dans le *Journal de médecine de Lyon* (septembre 1864) un mémoire avec quatre observations à l'appui. Il y étudie très-complétement les fausses membranes intestinales au point de vue anatomique, physique et chimique.

Le docteur Jules Guyot a porté la question des fausses membranes intestinales devant la Société médicale des hôpitaux de Paris (28 février 1868) en y présentant un paquet de mucosités intestinales concrètes auxquelles il attribue des phénomènes d'étranglement éprouvés par le malade soumis à son observation; mais la lecture attentive du fait dé- montre assez clairement l'existence primitive de l'occlusion intestinale momentanée, l'inflammation secondaire de la portion de l'intestin devenue le siége de l'occlusion, et enfin la production en cet endroit de pseudo-membranes courtes et ténues. Cette entérite pseudo-membraneuse fut aussi éphémère que l'accident qui y avait donné naissance.

Ce fait intéressant d'ailleurs, publié dans *l'Union médicale*, a valu à ce journal (18 juin 1868) une excellente note du docteur Merland de Chaillé. Il a observé un grand nombre de cas d'entérite pseudo-membraneuse à l'état aigu et suraigu ; il en connaît bien les accidents souvent sérieux et bien propres dans nombre de circonstances à rendre le diagnostic équivoque. Il semble en avoir assombri un peu trop le pronostic et ne paraît pas avoir eu l'occasion de suivre des malades pendant de longues années.

Le souvenir de l'intérêt obtenu par l'observation de M. Guyot engage M. le docteur Siredey à présenter de nouveau à la Société médicale des hôpitaux de Paris (11 décembre 1868) un travail sur le même sujet. Il a suivi un malade qui, depuis quatorze ans environ, est atteint de troubles nerveux bizarres, portant principalement sur la sensibilité et sur l'état moral. Depuis plusieurs années que M. Siredey l'observe, ce malade expulse de temps en temps, à des époques irrégulières, des matières filamenteuses, vermicellées ou rubanées, et ressemblant alors à des fausses membranes. En raison de la coïncidence des phénomènes nerveux morbides et de cette sécrétion anormale, il admet que ces mucosités gélatiniformes sont sécrétées sous l'influence seule d'un trouble de l'innervation. Cette théorie pathogénique ne me paraît pas admissible, et je me propose de la discuter plus loin.

Sauf quelques indications (1) sans grande valeur au point de vue de l'étude du mode de production des fausses membranes intestinales, je crois avoir rapporté toutes les notions historiques que comporte la question.

Avec l'aide de tous ces enseignements, en compulsant les observations que j'ai recueillies depuis longtemps sur le sujet, au nombre de plus de quarante, je m'efforcerai de tracer de l'entérite pseudo-membraneuse, affection bien peu connue, comme on l'a pu voir, une description aussi complète que possible en l'état de pénurie de matériaux où nous nous trouvons encore.

ANATOMIE PATHOLOGIQUE. — Ce chapitre sera nécessairement assez bref et incomplet. Les occasions sont rares, en effet, où il soit donné de pratiquer l'autopsie à la suite de cette maladie. A l'état aigu, elle guérit presque constamment. Les individus qui en sont atteints chronique-

---

(1) Clemens : *du Croup intestinal*, in *Gaz. hebd.*, 1860, p. 247. — Leçons cliniques de Trousseau. — Leçons cliniques de Graves. — *Obs. d'entérite membraneuse*, par van Valzah, in *the American Journal of Med.* Juillet 1873.

ment ne meurent pas ordinairement de son fait, et, s'ils viennent succomber dans les hôpitaux à une maladie organique, c'est sur celle-ci que se concentre exclusivement l'attention, et presque toujours, de même que l'affection intestinale a passé inaperçue pendant la vie, les lésions en sont négligées après la mort.

Les auteurs qui se sont le plus occupés de l'*entérite pseudo-membraneuse aiguë* au point de vue de l'anatomie pathologique sont Barthez et Rilliet ; mais, comme nous l'avons déjà fait observer, ils ont rencontré surtout des phlegmasies intestinales avec production de muguet ou d'enduits pultacés, et rarement la véritable entérite membraneuse. Voici pourtant ce qu'on trouve dans leur ouvrage de plus applicable à l'affection qui nous occupe : « Aux points où commence la fausse membrane, » elle est disposée par petites plaques inégales, irrégulières, rares, iso- » lées et situées sur le sommet des plis ; mais bientôt elle devient plus » étendue et finit par former de larges plaques qui suivent la muqueuse » dans tous ses replis et couvrent presque tout le calibre du tube intes- » tinal. Son épaisseur va rarement au delà de $0^m,001$ ou $0^m,002$. Cette » forme est la plus fréquente de toutes, et s'accompagne toujours d'*une* » *grave inflammation de la muqueuse sous-jacente.* »

Il faut regretter que la description analytique des lésions ne soit pas plus complète, et que nous n'y trouvions aucune indication sur l'état d'altération plus ou moins profonde de la muqueuse, du tissu cellulaire et des autres tuniques intestinales. La dénomination de *grave*, que ces auteurs donnent à la phlegmasie, implique certainement que le processus inflammatoire avait gagné la profondeur des tissus et dépassait les limites d'une simple inflammation catarrhale.

Ce qui tend à établir la réalité de ces suppurations, c'est que, dans tous les cas où des fausses membranes intestinales viennent à être expulsées dans le cours de maladies pouvant avoir une issue funeste, les recherches anatomo-pathologiques font constamment découvrir des désordres sérieux dans la vascularisation et dans la nutrition de toute l'épaisseur de la paroi intestinale.

N'en est-il pas ainsi dans l'inflammation dysentérique, même sous sa forme sporadique ? Cette forme atténuée que les pathologistes devraient séparer de la dysenterie vraie, a pu être étudiée anatomiquement, et elle a toujours montré des ulcérations superficielles de la muqueuse, ainsi que des altérations dans les autres tuniques de l'intestin (1).

Il est une variété d'entérite pseudo-membraneuse où ces désordres profonds de presque toutes les parties constituantes de l'intestin ont été plus d'une fois constatées par les recherches de Nonat, de Bernutz, de

---

(1) Gély (de Nantes) : *Essai sur les altérations anatomiques qui constituent spécialement l'état dysentérique*, 1838.

Goupil, de Gallard. C'est cette rectite secondaire survenant si souvent au cours d'une phlegmasie péri-utérine, et donnant lieu à l'expulsion de fausses membranes quelquefois très-épaisses et fort consistantes. Quand l'autopsie en a été faite, on a rencontré du côté du rectum une inflammation violente, parfois ulcéreuse. Les mêmes lésions se produisent encore sur l'intestin lorsqu'une phlegmasie d'un des organes du petit bassin ou de tout autre point de la cavité abdominale réagit par propagation sur une portion du tube digestif, comme dans les cas de phlegmons des ligaments larges, d'abcès des fosses iliaques, de pérityphlite, de périnéphrite, d'hépatite suppurée, de cholécystite, de péritonite circonscrite, etc.

On peut conclure de tout ceci que, dans les diverses circonstances où l'expulsion de fausses membranes intestinales constitue un symptôme habituel et où l'on a pu en rechercher le point de départ anatomique, on a trouvé une inflammation grave et profonde que nous pouvons appeler *interstitielle*. On peut donc sans témérité en inférer et tenir pour démontré que l'existence de fausses membranes dans les déjections alvines implique nécessairement une phlegmasie intense, profonde, étendue à la totalité ou à presque toute l'épaisseur de la paroi intestinale. Est-il permis d'en douter d'ailleurs, lorsque, explorant le trajet du gros intestin à travers les parois abdominales pendant le cours de la maladie, on trouve tout ou portion de cet intestin transformé en une sorte de cylindre volumineux, épais, rigide et ne se laissant ni déprimer ni mobiliser ?

L'inflammation interstitielle aiguë primitive peut-elle atteindre jusqu'à l'ulcération et peut-être même à la perforation ? Je n'en fais pas doute pour ma part, quoique le fait soit rare. J'ai vu succomber à des hémorrhagies intestinales, précédées d'évacuations muco-purulentes, un jeune homme de 24 ans, jouissant antérieurement de la plus brillante santé. Il avait subi durant l'espace de huit mois plusieurs attaques d'entérite pseudo-membraneuse, avec des intervalles de rétablissement presque complet de la santé.

En ce qui concerne l'*entérite pseudo-membraneuse chronique*, les auteurs sont encore plus laconiques, si c'est possible, sur les lésions qui la caractérisent. Nul doute néanmoins qu'on ne puisse lui appliquer presque en totalité la description consacrée par la plupart des traités classiques à l'entérite chronique. C'est tantôt une atrophie avec amincissement des parois, tantôt au contraire l'épaississement, l'induration comme lardacée du tissu cellulaire; on trouve assez souvent une certaine friabilité ou un ramollissement pulpeux de certains points de la muqueuse. Celle-ci peut être érodée, ulcérée. Le calibre du canal intestinal est, dans certains cas, considérablement diminué, non d'une manière uniforme, mais inégalement suivant les régions. Gendrin (1) a constaté une particularité importante qui nous expliquera l'aspect de certaines évacuations alvines. Il dit : « La tunique muqueuse sur la surface de » laquelle s'était déposée cette couche de mucus plastique présentait un » développement anormal d'une partie de ses cryptes mucipares tuméfiés » au point de former comme des grains épais et disséminés, les uns » comme sphériques, les autres lenticulaires ; tous étaient marqués par » un point grisâtre à leur centre. Sur un assez grand nombre on re-» marquait comme une strie de matière noire qui donnait à la muqueuse » un aspect tacheté. *Cette matière noire s'était épanchée dans la couche* » *muqueuse plastique adhérente dans un grand nombre de points et s'en-*» *levait avec elle.* Lorsqu'on essuyait avec un linge la surface de la » membrane muqueuse, on recueillait quelques parcelles de cette ma-» tière noire qui tachait le linge. »

SYMPTOMATOLOGIE. — Nous laisserons de côté les entérites pseudo-membraneuses secondaires survenues par contiguïté, et dont les phénomènes morbides disparaissent pour ainsi dire au milieu des symptômes de la maladie initiale, pour nous attacher exclusivement à la description de l'entérite interstitielle ou pseudo-membraneuse primitive aiguë et chronique.

On ne s'étonnera pas de voir figurer dans cette description les signes de la dysentérie sporadique, car, selon nous, celle-ci est complétement distincte de la dysentérie épidémique, aussi bien au point de vue de l'étiologie que du pronostic, et nous sommes heureux de nous rencontrer dans cette manière de voir avec des maîtres dont nous sommes accoutumés à estimer très-haut les opinions scientifiques (2).

L'entérite pseudo-membraneuse aiguë ne débute pas toujours d'une manière univoque. Souvent l'anorexie, la fatigue, du malaise général, de la céphalalgie durant quelques jours constituent un ensemble prodromique sans caractère bien défini, mais susceptible par son intensité d'éveiller déjà l'attention du malade. Ajoutons-y l'épistaxis, qui vient assez fréquemment compléter un tableau analogue à celui des prémisses de la fièvre typhoïde.

Après ou sans manifestation de ces phénomènes précurseurs, des frissons parfois assez intenses surviennent et se répètent habituellement plusieurs jours de suite. Ils peuvent même se montrer de nouveau après avoir disparu pendant quelques jours, comme si le processus inflammatoire se faisait par poussées successives. La fièvre qui s'établit alors est variable, mais elle atteint son apogée en deux à trois jours. Dans les cas moyens,

(1) *Médecine pratique*, t. III, p. 25.
(2) Hardy et Béhier, *Pathologie interne*, t. II.

le pouls monte à 110, la température oscille entre 38°,5 et 39°,5.
Dans les cas intenses, on peut trouver le pouls à 130 et la température à
40°, ou 40°,5. On observe des rémissions matinales inégales et généralement plus marquées encore que celles de la fièvre typhoïde. La céphalalgie est vive, la courbature générale très-forte et péniblement supportée,
mais dans aucun cas je n'ai observé la prostration, l'abattement, l'inertie
qui se développent assez souvent dès les premiers jours de cette dernière
pyrexie. Des vomissements bilieux ou muqueux, se répétant parfois plusieurs jours de suite, marquent assez souvent le début de la maladie.

Les douleurs figurent constamment parmi les phénomènes initiaux.
Le siége en est variable; mais dans la plupart de nos observations elles
ont commencé dans la fosse iliaque droite. Elles peuvent s'y manifester
exclusivement durant un certain temps; mais généralement, au bout
de quelques jours, d'autres points douloureux sont accusés soit en suivant de proche en proche le trajet des côlons, soit sans douleur inter-
médiaire, dans la fosse iliaque gauche, ou dans la région hypogastrique.
Ces douleurs sont ordinairement vives. Elles se renouvellent sous forme
de coliques violentes, arrachant souvent des plaintes au malade ou se
révélant tout au moins sur sa physionomie par une pâleur subite et une
apparence grippée de la face. Le moindre déplacement du corps les
aggrave presque toujours ; aussi voit-on la plupart des malades garder
l'immobilité complète dans le décubitus dorsal. Certains même se tien-
nent à demi fléchis, le dos et la tête soutenus par des oreillers, n'osant
s'allonger afin d'éviter une sensation très-douloureuse de tiraillement
et comme de corde tendue profondément dans l'abdomen. La pression
exaspère les douleurs et celles-ci semblent parfois si superficielles qu'on
les croirait péritonéales. Ce qui pourrait encore contribuer à donner le
change, c'est que constamment il y a du météorisme presque dès le début.
Cette pneumatose intestinale est due sans doute à plusieurs causes telles
que la paralysie incomplète de la tunique musculaire enflammée, et l'ob-
stacle à la circulation gazeuse amené par l'épaississement pariétal aug-
menté de la présence d'exsudats ; de sorte qu'il se produit ici sous une
forme amoindrie un ballonnement analogue à celui de l'occlusion intestinale. Lorsque la douleur aussi bien que la distension de la paroi abdominale ne s'opposent pas absolument à une palpation profonde, on trouve
la totalité ou une notable partie du gros intestin augmentée de volume,
dure, donnant l'idée d'un cylindre rigide et peu mobile. La palpation
de cet intestin donne souvent lieu non à du véritable gargouillement,
mais à une sorte de crépitation ; il semble que l'on écrase de la neige
ou que l'on presse un corps spongieux chargé d'eau. Cette sensation se
rencontre plus habituellement vers le cœcum qu'en aucun autre point.

Un certain degré de péritonite circonscrite n'est pas rare d'ailleurs et se reconnaît non-seulement à la nature des douleurs, mais à une tumeur résultant de la production de fausses membranes et de l'agglutination de quelques anses intestinales entre elles et avec la paroi abdominale.

La constipation est la règle au moins pendant un certain nombre de jours, souvent durant plus d'une septénaire et quelquefois pendant toute la durée de la maladie.

Des lavements réitérés parviennent difficilement à entraîner quelques matières excrémentitielles en petits fragments durs, irréguliers, en scybales. On aperçoit déjà mêlées à ces matières des excrétions glaireuses, filamenteuses, mais ce n'est souvent qu'après 6 à 8 jours qu'apparaissent des *fausses membranes*. Celles-ci sont d'abord petites, ténues, minces, presque gélatineuses, intimement appliquées sur les matières alvines mais se suspendant bientôt dans les liquides mêlés aux garde-robes. Si la phlegmasie est assez intense et occupe une grande étendue du tube intestinal, on ne tarde pas à voir se montrer des pseudo-membranes plus épaisses, plus longues, de formes variées. Il en est de quelques centimètres à peine, d'autres ont 15, 25, 50 centimètres ou davantage encore, et je rappellerai ici pour la rareté du fait cette pseudo-membrane très-résistante, longue de 1 mètre 20 centimètres, que je présentai il y a une dizaine d'années à mes collègues de la Société de médecine de Lille. Dans certaines circonstances, ces produits pathologiques sont minces comme des pellicules translucides, se rompant sous la moindre traction, ayant, quand ils flottent dans un liquide, une apparence aréolaire. D'autres fois, au contraire, ils ont une épaisseur considérable de 1 à 4 millimètres, et sont comme stratifiés ou feutrés.

Si ces fausses membranes sont assez étendues pour être étudiées sous leurs deux faces, on trouve l'une de celles-ci plus lisse, de couleur grisâtre ou teintée de jaune biliaire : c'est la face interne accolée aux matières alvines ; l'autre face est tomenteuse, fortement villeuse même, quand on examine le fragment flottant dans l'eau, de couleur blanchâtre souvent ponctuée par de la matière colorante noire ou teintée de sang, c'est la face pariétale qui entraîne parfois avec elle des débris de la muqueuse. On rencontre, mais assez rarement, des pseudo-membranes tubulées ; plus souvent elles sont rubanées, rappelant vaguement la forme du ténia, avec lequel elles sont souvent confondues par les personnes étrangères à l'art ; on les voit fréquemment se diviser vers leurs extrémités en digitations ou en longues lanières. D'autres fois elles se présentent sous la forme d'un cordon plein ou creux de la grosseur d'une plume de pigeon à celle du petit doigt, assez régulièrement cylindrique, plus souvent moniliforme, avec étranglements et renflements alternatifs.

Quelques auteurs ont attaché une certaine importance à ce fait que les fausses membranes sont souvent expulsées séparément avant ou après les fèces. C'est là une éventualité variable et sans valeur. Tantôt, en effet, ces fausses membranes ont été roulées, pelotonnées dans l'intestin en une masse compacte franchissant lentement le trajet intestinal, sans se mêler intimement auxmatières ; tantôt au contraire, elles ne se détachent que mêlées aux fèces, et en agglutinent les fragments, de manière que si l'on vient à soulever l'une de ces fausses membranes par une extrémité, on a comme une sorte de chapelet dont la corde plus ou moins centrale retient les grains formés de scybales. L'expulsion des fausses membanes peut alterner avec d'autres produits, et ces derniers peuvent mêmes les remplacer complétement dans certaines périodes de la maladie, quand elle passe à l'état subaigu. Ces autres exsudats sont des masses glaireuses, gélatiniformes, quelquefois colorées, le plus souvent transparentes et comme vitreuses. Il n'est pas rare d'y apercevoir quelques traces de sang, mais ce n'est qu'exceptionnellement qu'elles prennent l'aspect gelée de groseilles. On en observe quelquefois qui sont constituées par des paquets gélatiniformes mêlés de points noirâtres, mélaniques, ressemblant à du frai de grenouilles en voie d'éclosion.

L'étude microscopique de ces fausses membranes montre qu'elles sont formées d'une trame fibrillaire à filaments entrecroisés composés surtout de mucine (inaltérable par l'acide acétique) partiellement de fibrine et rarement de quelques débris de tissu conjonctif. Dans cette trame on rencontre en grande quantité de l'épithélium cylindrique altéré, des leucocytes, quelques globules sanguins dégénérés, beaucoup d'éléments granuleux et graisseux et souvent des cristaux de phosphateammoniaco-magnésien.

Ces divers exsudats sont rejetés ainsi pendant un temps variable entre deux à trois septénaires et plusieurs mois.

Quand la maladie tend à guérir, les pseudo-membranes disparaissent peu à peu et deviennent graduellement plus courtes et plus minces et font même exclusivement place à des mucosités de moins en moins concrètes.

Quoique la constipation soit un des symptômes les plus constants, on la voit quelquefois alterner avec la diarrhée séreuse. Celle-ci est le plus souvent provoquée par des purgatifs, ou bien il existe simultanément dans la portion supérieure de l'intestin une inflammation catarrhale fournissant ses produits liquides habituels.

Il y a de la soif. La langue est saburrale, mais elle ne présente jamais ce degré de viscosité ou de sécheresse qu'on observe dans la fièvre typhoïde.

La peau est sèche dans les premiers jours. Plus tard, elle est habituellement halitueuse. On y observe des éruptions sudorales ou miliaires, mais on n'y voit jamais de taches rosées lenticulaires. Je n'y ai jamais rencontré les taches ardoisées qu'on voit souvent dans la fièvre gastrique intense.

Les urines sont rares, colorées, et déposent abondamment d'urates.

La respiration a une fréquence en rapport avec le degré de la fièvre; elle est parfois gênée par le ballonnement intestinal, mais il n'existe aucun signe stéthoscopique révélant un état congestif ou inflammatoire des voies aériennes.

Du côté du système nerveux, à part les troubles de sensibilité déjà signalés, on n'observe aucun phénomène grave.

La céphalalgie persiste longtemps.

Le sommeil est difficile, nul même pendant les premiers jours, mais il n'y a pas de délire, et même dans les cas les plus intenses que j'aie vus, l'intelligence est demeurée parfaitement intacte et la physionomie conservait toute son expression.

Nous devons indiquer d'une manière spéciale les traits que présente l'entérite interstitielle ou pseudo-membraneuse quand elle envahit le rectum, qu'elle s'y soit établie d'emblée, ou, ce qui m'a paru plus commun, qu'elle s'y soit propagée avec plus ou moins de rapidité après avoir débuté vers le cœcum. Aux symptômes indiqués ci-dessus se joignent alors ceux qu'on a coutume de regarder comme caractéristiques de la dysenterie. Les malades éprouvent de très-fréquents besoins d'aller à la garde-robe, sensations illusoires, car ils rejettent à peine quelques mucosités insignifiantes avec de vives coliques et des douleurs anales.

Les excrétions glaireuses ou pseudo-membraneuses sont ici plus souvent teintées de sang, ce qui est dû bien certainement au ténesme anal, aux frottements violents que la muqueuse exerce sur elle-même dans un point où existe naturellement un développement vasculaire extrêmement riche et une grande tendance aux congestions hémorrhagiques.

Les lavements sont, dans le cas de rectite, très-difficilement tolérés. Au ténesme anal se joint souvent le ténesme vésical, et chez deux de mes malades, il m'a été donné d'observer l'expulsion de fausses membranes non-seulement par l'anus, mais encore par le vagin et par l'urèthre.

Je n'ai trouvé du pus et des liquides sanieux avec des débris de muqueuse que dans quelques cas : l'un s'est terminé par la mort après plus de huit mois d'alternatives de rémission et d'aggravation d'une entérite interstitielle très-étendue; d'autres étaient des typhlites avec suppuration du tissu cellulaire entourant le cœcum; en un mot, avec phlegmon iliaque et les accidents graves qui peuvent en être la conséquence.

Imbu des idées régnantes, on ne retrouvera, dans les faits que je viens d'indiquer en dernier lieu, que des exemples de dysentérie sporadique. Mais, ainsi que je l'ai déjà fait observer, il importe de séparer définitivement cette dernière affection de la dysentérie épidémique. Tout nous y oblige : la genèse, les lésions anatomiques, les symptômes, la marche et la terminaison sont essentiellement différentes. L'une est une affection miasmatique, contagieuse, ulcéreuse, grave souvent; l'autre est une inflammation née de causes communes, non contagieuse, presque constamment bénigne.

L'entérite interstitielle aiguë a une première période ascendante de durée variable, mais le plus souvent d'un septénaire ou un peu plus. A ce moment, la fièvre s'amoindrit notablement; les phénomènes abdominaux persistant avec leurs caractères primitifs durant plusieurs septénaires encore ; puis les accidents généraux cèdent complétement et les fonctions intestinales se rétablissent peu à peu dans leur intégrité par la disparition des douleurs, du météorisme et des excrétions membraniformes ou glaireuses.

La santé générale laisse cependant longtemps à désirer; les forces musculaires particulièrement ont souvent éprouvé une profonde et durable atteinte. Les efforts pour l'accomplissement d'un travail manuel ; les secousses de la marche, le cahot de la voiture retentissent douloureusement dans le ventre longtemps encore après la disparition des symptômes principaux. Certains malades restent sujets à des névralgies diverses, à des fourmillements dans les membres, ensuite à des crampes. J'ai observé plusieurs fois des sueurs locales, principalement aux membres inférieurs avec sensation de froid. Il peut rester encore des prédispositions aux vertiges, aux lipothymies même après disparition de l'anémie. Les fonctions digestives, contrairement à ce qu'on serait tenté de croire *a priori*, reprennent assez rapidement toute leur énergie dans la plupart des cas; ce qui tend à démontrer que l'estomac ni l'intestin grêle, au moins dans sa plus grande étendue, n'ont pris aucune part à la phlegmasie.

Des rechutes plus ou moins sérieuses, complètes ou seulement ébauchées, surviennent assez fréquemment et, si j'en crois mes propres relevés, la maladie passe à l'état chronique dans un quart des cas.

Les récidives à intervalle d'une ou de plusieurs années sont d'ailleurs loin d'être rares.

— *L'entérite interstitielle ou pseudo-membraneuse chronique* s'établit assez souvent d'emblée. Une douzaine au moins de mes malades m'ont très-nettement affirmé n'avoir nul souvenir d'une affection aiguë intestinale comme point de départ des accidents auxquels ils étaient sujets.

Les phénomènes fébriles sont habituellement nuls, dans cette forme

de la maladie en dehors de toute complication inflammatoire pyrétique.
Ils ne reparaissent que très-exceptionnellement et seulement dans les cas
où survient une sorte de poussée ou de recrudescence aiguë. La douleur
n'est pas permanente. Elle ne se fait sentir chez bien des malades qu'au
moment des garde-robes et plutôt un peu avant. Variable en intensité, mi-
nime chez quelques-uns, elle acquiert un degré excessif chez d'autres.
Ceux-ci la comparent à une violente colique avec sensation de torsion ou
d'arrachement, ou à une brûlure prolongée comme celle d'un liquide es-
carrotique. Un état lipothymique s'ensuit souvent ; les traits du visage
s'altèrent profondément et expriment dans certains cas une anxiété et un
découragement extrêmes. La douleur se fait sentir dans certains points
fixes, quelquefois même dans un point unique qui est par ordre de fréquence l'S iliaque, le cœcum, le côlon transverse vers le creux épigastri-
que. Lorsque l'inflammation a son principal siége dans le rectum et vers
l'anus, les malades éprouvent constamment une pesanteur sacro-périnéale
augmentant beaucoup par la marche, par la station debout, par les efforts,
par la constriction du corset chez la femme. Il n'est pas rare de voir
encore, dans ces cas, se développer tous les accidents de la fissure à
l'anus ; mais rarement l'opération, de quelque procédé qu'on se serve,
amène une guérison définitive, le spasme et la fissure se reproduisant
presque fatalement. On a vu la muqueuse rectale, poussée par des
efforts violents et répétés, finir par tomber en prolapsus et nécessiter
plusieurs excisions successives sans bénéfices réels (1).

Presque toujours aussi du ténesme vésical existe d'une manière con-
comitante. Ce trouble dans la fonction urinaire prédomine même parfois au point de concentrer l'attention des malades exclusivement sur ce
point et de dérouter ainsi les investigations médicales. J'ai soigné un
malade atteint d'entérite pseudo-membraneuse compliquée de contracture ano-vésico-uréthrale, à qui un spécialiste haut placé de Paris avait
pratiqué l'uréthrotomie interne dans la croyance à un rétrécissement.
Chez la femme, les époques menstruelles aggravent considérablement
ces troubles de la sensibilité, et les actes réflexes qui en sont la conséquence. L'examen au spéculum est souvent pénible ; il détermine une
douleur recto-anale insupportable. J'ai observé quelques cas de vaginisme
de degré moyen.

Dans les recrudescences qui, à des intervalles très-variables du reste,
manquent rarement de se montrer, les douleurs peuvent redevenir géné-
rales et occuper tout le trajet du gros intestin comme dans la forme
aiguë.

La constipation est ordinaire. Les malades ne vont facilement à la

____

(1) Siredey : *Société médicale des hôpitaux de Paris*, 11 décembre 1863.

selle que lorsqu'ils sont pris de diarrhée. Sinon, soit par parésie intestinale, soit par coarctation ou encore par diminution de calibre due à l'é-
paississement des parois, la défécation est difficile alors même que les
matières alvines sont demi-solides.

Dans l'état de constipation, ces matières sont rarement bien formées ;
elles se composent le plus souvent de petits fragments irréguliers, durs,
de scybales ; ou bien une garde-robe est mi-partie solide, mi-partie
en consistance de purée. On trouve aussi des matières stercorales aplaties, comme passées au laminoir, ou arrondies mais étroites comme si
elles avaient traversé une filière. Chose remarquable d'ailleurs, ces formes ne sont pas permanentes ; elles peuvent exister pendant une ou
plusieurs semaines et prendre, ensuite, un autre aspect ; ce qui semblerait indiquer que le processus inflammatoire présente des oscillations
dans son intensité et des déplacements d'un point à un autre de l'intestin. De temps en temps surviennent des périodes de diarrhée rebelle
aux moyens ordinaires. Durant ces périodes, les douleurs, l'affaissement
organique sont beaucoup plus prononcés qu'au temps ordinaire.

Le signe caractéristique principal de l'entérite interstitielle chronique est, comme pour la forme aiguë, l'expulsion de pseudo-membranes. Celles-ci présentent toutes les variabilités de forme et d'aspect
que nous avons énumérées à propos de l'entérite aiguë. Contrairement
à ce qu'avancent les auteurs qui se sont occupés du sujet, ce n'est pas
toujours au milieu de douleurs vives que les fausses membranes sont
expulsées. Les phénomènes douloureux sont contemporains d'un retour
agressif d'inflammation ; ils ont souvent disparu déjà quand les exsudats,
membraneux sont rejetés au dehors. Ces produits peuvent se montrer
en même temps que des matières albumineuses ou glaireuses, d'aspect
vitreux sale. J'ai observé bien des fois des excrétions composées d'énor-
mes paquets formés d'une matière comme gélatineuse, un peu fluide,
parsemée de points noirâtres. Ces points noirs ne sont pas formés
de fragments de substances excrémentitielles, mais d'une sorte de matière
colorante mélanique provenant des cryptes mucipares, ainsi que Gendrin
l'a vu dans certaines autopsies, particularité que nous avons relevée à
propos de l'anatomie pathologique.

Il arrive parfois que, sans amendement réel de l'affection dans ses
symptômes principaux, les excrétions glaireuses ou pseudo-membraneuses disparaissent pour faire place ou à une constipation simple, ou
à une diarrhée habituelle avec sécrétions muco-purulentes ou sanieuses
fétides. Il s'est vraisemblablement fait alors une transformation pro-
gressive des éléments de la paroi intestinale en tissu inodulaire impro-
pre à la production des pseudo-membranes.

Le ventre est ordinairement ballonné, soit uniformément dans toute son étendue, soit partiellement, et les malades supportent mal d'être serrés dans leurs vêtements.

Sans complications accidentelles, l'appétit est habituellement conservé et les digestions s'accomplissent sans grandes difficultés, pourvu qu'il soit apporté quelque soin dans le choix des aliments. Il convient de s'abstenir de repas copieux, de substances végétales, des assaisonnements excitants.

Grâce à l'absence de fièvre, à une nutrition suffisante, la santé générale se soutient. L'amaigrissement ne se prononce qu'en cas de diarrhée répétée et abondante, et ce dernier accident est rare. J'observe en effet des malades atteints d'entérite pseudo-membraneuse depuis plus de quinze ans et dont l'habitus extérieur n'est guère différent de celui des autres personnes de leur âge jouissant d'une santé moyenne.

La langue est souvent normale, et la soif n'est exagérée que si la fièvre se rallume.

Les urines examinées maintes fois chez la plupart de mes malades ne m'ont jamais révélé la présence d'aucun élément morbide, si ce n'est un excès d'urates.

Indépendamment des signes énumérés ci-dessus et dont la manifestation est en relation directe avec les lésions primitives, il existe tout un ordre de symptômes paraissant au premier abord n'avoir avec ces lésions aucune connexité et qui s'y rattachent, selon moi, indubitablement, quoique d'une manière indirecte. Ces symptômes sont d'ordre nerveux : multiples comme les nombreux phénomènes biologiques dus à l'accomplissement normal des fonctions des systèmes cérébro-spinal et ganglionnaire, ils peuvent nous montrer ces phénomènes à l'état de perversion plus ou moins profonde et dans des combinaisons variables et mobiles comme en réalisent quelques-unes des grandes névroses dont la pathologie a fait de véritables entités.

La plupart des malades porteurs d'entérite pseudo-membraneuse que j'ai observés m'ont offert des désordres fonctionnels de la motilité, de la sensibilité générale ou spéciale, des facultés intellectuelles et morales plus ou moins prononcées.

Chez les femmes j'ai rencontré, et je vois encore actuellement des accidents nerveux bizarres, protéiformes tels que ceux que nous englobons sous le nom générique d'hystérie. Chez les hommes, ces troubles nerveux sont rarement poussés aussi loin ; mais tous en sont plus ou moins sérieusement atteints. Quelques sujets hystériques du sexe masculin, pour qui j'ai été consulté, souffraient d'entérite chronique pseudo-membraneuse.

Depuis que mon attention s'est dirigée vers cet objet spécial, beaucoup de femmes hystériques que j'ai examinées et interrogées avec le plus grand soin ne m'ont présenté d'autres altérations organiques qu'une phlegmasie intestinale chronique, et si l'on a pu révoquer en doute l'influence pathogénique des maladies utérines sur la production de l'hystérie, j'estime qu'il n'en saurait être de même du pouvoir de l'entérite interstitielle à engendrer cette névrose chez des sujets prédisposés.

Je n'insiste pas sur la description de ces symptômes trop connus, surtout en ce qui concerne les femmes. Je dirai seulement que chez l'homme les grands accès convulsifs ne se voient guère; on voit surtout se développer chez lui des troubles de la sensibilité, des dermalgies de siége variable. J'ai observé chez plusieurs, sans pouvoir m'expliquer ce point d'élection, une hyperesthésie du cou-de-pied ou des régions malléolaires. Chez l'un de mes malades cette hyperesthésie était si intense en arrière des malléoles internes que le moindre attouchement sur ces points provoquait un tremblement de tout le corps avec claquement de dents et refroidissement comme dans un frisson intense. Cette hyperesthésie de la peau qui recouvre le cou-de-pied est aussi notée dans une observation déjà signalée, due à M. Siredey.

La plupart des malades finissent par tomber dans l'hypochondrie ou dans la nosomanie, et nombre d'entre eux se mettant à la poursuite de remèdes de toute nature deviennent la proie d'empiriques ou de guérisseurs sans scrupules, entre les mains desquels ils compromettent souvent leur santé d'une manière irréparable.

Ces troubles nerveux variés, en rapport avec des affections gastro-intestinales chroniques, ont été signalés de tout temps par les auteurs spéciaux qui ont traité des maladies mentales et des névroses. Mais l'idée n'a pas suffisamment pénétré l'esprit médical de notre époque. Broussais avait sans doute exagéré cette relation de cause à effet; mais dans la réaction qui s'en est suivie on a dépassé toute mesure, et l'on est arrivé à méconnaître les faits les plus évidents. Les désordres d'innervation sont regardés la plupart du temps comme indépendants, et n'ayant d'autre corrélation avec l'affection intestinale que leur simultanéité. Quelquefois même les signes les plus irrécusables de lésions inflammatoires du tube digestif sont regardés comme de simples troubles d'innervation primitifs et non consécutifs. C'est ainsi, pour citer un seul exemple, que M. Siredey, dans son estimable travail, explique la plupart des cas où se produisent des pseudo-membranes intestinales par une névrose particulière de l'intestin avec perturbation sécrétoire se rencontrant principalement chez des hypochondriaques et des hystériques. Tous les observateurs seront, j'espère, d'accord avec moi, pour renverser les termes de cette proposition, tout au moins hasardée, et dire que la maladie intestinale étant le fait primitif, c'est secondairement que se sont développées l'hystérie et l'hypochondrie,

Marche, Durée, Terminaison. — Nous avons dit comment l'*entérite pseudo-membraneuse aiguë* arrivait à guérison ou comment, dans un certain nombre de cas, elle passait à l'état chronique.

Sous cette *forme chronique*, qu'elle s'y soit constituée d'emblée ou consécutivement à un état aigu, l'entérite pseudo-membraneuse a une durée indéterminée, qui se mesure par de longs mois et même par des années. Bien des praticiens ont cité des exemples de cette affection datant de vingt à trente ans. Il est à peine besoin de dire que durant cette évolution morbide il y a des temps d'arrêt, des améliorations momentanées presque équivalentes à une guérison, bientôt suivies de rechutes qui ramènent tout le cortége des accidents.

On conçoit que des lésions aussi persistantes puissent amener la mort, soit par occlusion intestinale, soit par ulcérations suivies d'hémorrhagies ou de perforations, soit encore par épuisement progressif; mais en réalité, cette terminaison est rare. Je n'ai observé qu'un cas de mort à la suite d'hémorrhagies répétées et, eu égard au grand nombre de sujets de tous âges que j'ai pu suivre, j'ai lieu de croire qu'en dehors d'une tuberculisation intestinale venant se greffer sur la phlegmasie primitive, celle-ci n'a que très-exceptionnellement une issue fatale.

Diagnostic. — L'entérite pseudo-membraneuse aiguë serait facilement diagnostiquée si l'on y songeait seulement ; mais le plus souvent le praticien reste hésitant, parce qu'il ignore presque toujours jusqu'au nom même de la maladie qu'il a devant les yeux.

Le diagnostic oscille généralement entre une fièvre gastrique ou une fièvre typhoïde, affections qui ont en effet quelques points de contact avec l'entérite membraneuse. On se rappellera donc que, dans la *fièvre gastrique* ou *gastrite catarrhale fébrile*, les symptômes se localisent davantage du côté de l'estomac, la pneumatose abdominale est presque nulle, et la constipation bien moins opiniâtre. La sensibilité ne siége pas sur le trajet du gros intestin; les matières stercorales, enfin, n'ont aucun des caractères de celles de l'entérite pseudo-membraneuse.

Pour la *fièvre muqueuse* ou *fièvre typhoïde*, le doute peut légitimement exister durant les premiers jours; car, on n'a, comme signes différents du début, que l'invasion plus brusque et l'élévation plus prompte de la température dans l'entérite; mais bientôt, par la constatation du gargouillement dans la fosse iliaque droite, par la diarrhée continue, par le défaut presque constant de vives douleurs intestinales, par les signes stéthoscopiques des voies respiratoires, par l'augmentation du volume de la rate, par les phénomènes de stupeur et, plus tard de délire, par l'apparition des taches rosées, par l'ensemble de ces signes opposés à ceux de l'entérite pseudo-membraneuse, le praticien est rapidement mis sur la voie et l'examen des évacuations alvines permet enfin de donner à la maladie sa véritable dénomination.

La prédominance de quelques-uns des symptômes de l'entérite pseudo-membraneuse pourrait, dans certaines circonstances, faire croire à des accidents avec lesquels la confusion ne semblerait pas tout d'abord admissible. On pourrait par exemple craindre *une péritonite généralisée* si le météorisme est très-prononcé et la douleur excessive dans une notable partie du ventre; mais, même alors, la douleur ressentie suivant un trajet bien déterminé, l'absence de vomissements répétés et verdâtres, la non-apparition de la cyanose des extrémités permettrait d'écarter l'idée d'une phlegmasie péritonéale généralisée. Quant à une péritonite localisée, nous avons fait observer qu'elle n'était pas rare et ne constituait pas ordinairement une complication grave.

Dans un cas rapporté par le Dr Guyot on a pu croire après coup à une entérite pseudo-membraneuse quand il s'agissait en réalité d'une *occlusion intestinale*. L'erreur sera évitée si l'on tient compte non-seulement de la douleur mais encore de la fièvre qui manque au début de cette dernière affection, et qui est si vive au contraire dans l'autre.

Quant à l'*entérite catarrhale*, quelques-uns de ses sympômes sont identiques avec ceux de l'entérite pseudo-membraneuse; mais la fièvre y est ordinairement moins vive; les coliques se font sentir principalement au voisinage de l'ombilic; et la diarrhée qui se montre promptement vient lever tous les doutes.

Je ne crois pas devoir établir de diagnostic différentiel avec la *dysenterie*, parce que, en ce qui concerne cette dernière maladie sous la forme épidémique, sa genèse, sa contagiosité, son épidémicité même suffiront pour faire éviter toute erreur; et que, eu égard à la dysenterie sporadique, je crois avoir suffisamment établi qu'elle constitue une inflammation intestinale d'ordre commun non spécifique, une variété, en un mot, de l'affection à laquelle nous consacrons ce travail.

L'*entérite pseudo-membraneuse chronique* donne peut-être lieu plus souvent encore à des erreurs de diagnostic. Sans accuser toujours, en effet, de troubles digestifs sérieux, les malades se plaignent parfois très-vivement d'une douleur dans un point fixe, et détournent ainsi l'attention vers tout autre organe viscéral que l'intestin. C'est ainsi que j'ai vu, suivant les circonstances, soupçonner à tort l'existence de *calculs biliaires*, de *métrites*, d'*ovarites*, de *coliques néphrétiques*, de *cystite*. Ces erreurs seraient facilement redressées si l'on recherchait sévèrement tous les signes appartenant à l'affection supposée et si, dans le cas où quelques-uns de ces signes font défaut, on songeait à la possibilité de l'entérite pseudo-membraneuse. Une investigation bien dirigée, quelques interrogations bien posées, lèveraient promptement toute incertitude.

Les phénomènes de la *fissure anale* se développent quelquefois dans le cours de l'entérite pseudo-membraneuse, mais il importe de ne pas les regarder comme ayant une existence isolée et indépendante, sinon l'on aurait recours à des opérations réitérées sans résultat sérieux en présence d'une rectoproctite persistante dont on aurait méconnu l'influence pathogénique.

Je ne rappellerai ici ce fait signalé plus haut d'un *spasme vésico-uréthral* pris pour un rétrécissement organique et opéré comme tel, que pour montrer une fois de plus combien le spécialisme, tout en offrant certains avantages, peut en venir à borner l'horizon médical de celui qui l'exerce.

Nous avons trop insisté sur *les accidents nerveux réflexes* engendrés par l'entérite pseudo-membraneuse pour ne pas mettre en garde le praticien contre la possibilité de regarder comme essentiels, c'est-à-dire sans cause organique appréciable, les désordres fonctionnels multiples et souvent bizarres offerts par certains malades des deux sexes. La coexistence reconnue de l'entérite et de ces troubles d'innervation, outre qu'elle assure le diagnostic, fournit les plus précieuses indications thérapeutiques.

La forme des garde-robes rubanées comme aplaties par le laminoir ou minces, étirées et comme passées à la filière, coïncidant avec des douleurs habituelles dans un point fixe, pourrait faire redouter la présence d'une *tumeur maligne dans la paroi ou au voisinage de l'intestin.* Il est certain que cette crainte serait très-rationnelle, si l'on manquait de renseignements commémoratifs suffisants; mais le plus souvent, l'on apprendra que cet état de choses existe depuis longtemps, que, néanmoins, la santé générale n'est pas profondément atteinte, et si le malade est capable de judicieuse observation, il déclarera que cet aspect des selles est susceptible de se modifier d'une époque à une autre, parfois même à peu de jours d'intervalle, ce qui ne saurait s'expliquer dans la supposition d'une tumeur à développement progressif et continu.

Siège et Nature. — L'étude des lésions anatomiques dans les cas où l'on a rencontré à l'autopsie des fausses membranes intestinales libres ou adhérentes a constamment révélé des altérations profondes de la muqueuse et souvent même des autres parties constituantes de la paroi de l'intestin.

Nous savons d'ailleurs que, dans les inflammations de voisinage propagées par contiguïté à travers tous les tissus qui composent l'épaisseur de l'intestin, comme dans les cas de pelvi-péritonite, d'inflammation rétro-utérine, d'invagination, de suppuration tendant à se faire jour dans la cavité intestinale, il se produit immanquablement des exsudats membraneux.

Nous voyons encore dans la dysenterie épidémique, sous l'influence d'un agent d'intoxication encore inconnu, l'intestin intéressé dans tous ses éléments anatomiques se recouvrir de fausses membranes dans la période qui précède les ulcérations étendues et les pertes de substance.

Il en est de même dans les gastro-entérites par empoisonnement au moyen des poisons irritants.

J'ai vu, chez un enfant de trois à quatre ans, un lavement d'eau presque bouillante administré insciemment, ou peut-être par une cruauté bestiale par une stupide domestique, provoquer immédiatement les accidents locaux et généraux les plus graves et ultérieurement l'expulsion de nombreuses fausses membranes précédant elles-mêmes, de quelques jours, celle de véritables débris de tissus sphacélés.

Nous pouvons conclure de ces faits que l'entérite pseudo-membraneuse primitive est constituée anatomiquement par une inflammation profonde de la muqueuse intestinale, de ses divers ordres de glandes, du tissu conjonctif, qui unit entre elles les tuniques et même, dans certains cas, toutes les couches qui composent la paroi de l'intestin.

Je propose, en conséquence, de la dénommer *entérite interstitielle*, terminologie plus exacte que celle de pseudo-membraneuse, attendu que les fausses membranes peuvent faire défaut à certaines périodes de l'évolution morbide.

Cette maladie diffère totalement de *l'entérite superficielle ou catarrhale*; aussi serait-il de la plus grande utilité, non-seulement au point de vue scientifique pur, mais surtout au point de vue de la pratique journalière, que ces deux affections fussent désormais étudiées séparément et mises comme en opposition l'une avec l'autre. Le diagnostic, le pronostic en seraient vivement éclairés d'une part, et de l'autre, les indications thérapeutiques s'en déduiraient d'une façon plus judicieuse et plus profitable au malade.

Quant au siége topographique de l'entérite interstitielle, indépendamment de la nature intime des lésions, il résulte de tout ce que nous avons dit qu'il faut le placer presque exclusivement dans le gros intestin. Tout au plus les portions inférieures de l'iléon nous ont-elles paru, dans quelques circonstances, envahies par le processus inflammatoire.

Étiologie. — Je n'ai relevé aucune cause spéciale, en quelque sorte spécifique, propre à déterminer le développement de l'entérite interstitielle. Comme la plupart des inflammations viscérales franches, elle peut naître du fait de diverses influences pathogéniques, pour peu qu'il existe une prédisposition native ou acquise.

Les malades accusent généralement soit le froid humide, soit des écarts de régime prolongés, particulièrement l'abus des boissons froides ou des végétaux frais, ou plus communément encore ces deux actions nuisibles réunies.

La fatigue extrême produite par de longues marches, aggravée par un refroidissement consécutif, m'ont paru, dans certains cas, avoir pris la plus grande part étiologique au développement de la maladie.

Trois de nos malades ont été pris d'entérite interstitielle à la suite de l'administration réitérée de téniafuges, et particulièrement de la racine de grenadier. L'un d'eux en est atteint chroniquement depuis déjà cinq ou six ans.

L'abus des purgations, surtout du séné et de l'aloès, m'a paru plusieurs fois avoir été la cause de cette affection.

Je n'ai pas eu occasion de rencontrer de malades pouvant attribuer l'altération de leur santé à l'alimentation par des substances en voie de putréfaction ou à l'inhalation d'air infecté par des émanations putrides.

Les auteurs s'accordent néanmoins à signaler cette origine à nombre de cas de dysenterie sporadique.

L'accumulation des matières stercorales, des corps étrangers peuvent provoquer la typhlite et toutes ses conséquences.

Au nombre des causes prédisposantes, l'hérédité m'a paru jouer un rôle important. Je connais quelques familles où plusieurs générations sont affectées d'entérite interstitielle, quoiqu'elles vivent dans l'aisance et s'astreignent aux règles hygiéniques les mieux entendues.

Aucun âge n'en est absolument exempt. Toutefois, les nouveau-nés jusqu'au moment du sevrage n'en présentent pas d'exemple que je sache et je n'en ai pas observé non plus chez aucun sujet ayant dépassé 50 ans.

Les femmes y paraissent plus prédisposées que les hommes ; mais c'est là un fait peut-être plus apparent que réel, en ce sens que les premières étudient ordinairement certains détails avec plus de soins et mettent ainsi plus facilement le médecin en état d'apprécier la nature d'une affection dont la symptomatologie est parfois équivoque.

TRAITEMENT. — *L'entérite interstitielle aiguë* doit être traitée dès son début d'une manière énergique.

On pourrait sans doute, chez un sujet robuste, avoir recours à une ou plusieurs saignées du bras ; mais le plus souvent les sangsues suffisent. On en fait appliquer huit à douze sur le point primitivement douloureux, et si l'extension de l'inflammation développe de nouvelles souffrances dans d'autres régions, on réitère les émissions sanguines locales.

Aucun autre moyen n'apaise aussi efficacement la sensibilité du ventre. Dans les cas de trop grande débilité, on se servirait des injections hypodermiques de morphine, malgré l'inconvénient qu'elles présentent d'augmenter encore la constipation.

Des topiques émollients recouvriront d'une manière permanente la paroi abdominale.

Le repos dans le décubitus dorsal sera forcément gardé par les malades qui ne peuvent d'ailleurs habituellement supporter une autre position.

Après plusieurs tentatives j'ai renoncé aux grands bains. Ils exaspèrent presque toujours le mal, tant par les mouvements qu'ils nécessitent que par la pression qu'ils exercent sur les régions douloureuses.

Les lavements seraient de la plus grande utilité pour combattre la constipation, mais le plus souvent, au début, au moment de la plus grande acuïté de l'inflammation, ils sont mal tolérés et provoquent des coliques violentes. Vers la fin du deuxième septénaire, ils sont mieux supportés. On les compose avec l'eau de mauve ou l'eau de lin additionnée d'une petite proportion d'eau de chaux. Sous l'influence de ce dernier agent, les fausses membranes se dissocient et sont éliminées plus facilement.

On sera forcé dans les premiers temps de provoquer des évacuations au moyen de légers purgatifs. Pour les malades qui acceptent l'huile de ricin, c'est le meilleur laxatif à employer ; il purge efficacement à petite dose de 20, 15 et même 10 grammes, à condition de la prendre à jeun et de rester ensuite trois heures au moins sans ingérer aucun liquide. Chez ceux qui n'auraient pas la tolérance de l'huile de ricin, on utiliserait les purgatifs salins et particulièrement l'eau de Pullna.

Une diète sévère sera gardée durant le premier septénaire. Du bouillon de bœuf léger froid ou tiède sera seul permis ; mais la fièvre tombant généralement à cette époque, on prescrira une alimentation douce composée de lait, de potages gras, de laits de poule.

L'évolution heureuse de la maladie ne se fait pas ordinairement sans quelques retours agressifs qui obligent à revenir pendant quelques jours à une alimentation presque nulle sous peine d'indigestion.

Ainsi que nous l'avons fait observer, les voies digestives supérieures restent presque toujours indemnes, ce qui autorise une alimentation substantielle précoce, c'est-à-dire sitôt que la fièvre est tombée. Il importe que ces aliments soient très-nutritifs sous le moindre volume possible, ne laissant ainsi que peu de résidu destiné à parcourir le trajet de l'intestin malade.

La surveillance la plus active s'exercera jusqu'à une époque avancée de la convalescence ; les prescriptions les plus scrupuleuses de l'hygiène seront observées afin d'obtenir la disparition des dernières traces de la maladie et d'éviter les rechutes. Cette affection a en effet une singulière tendance à devenir chronique et alors l'heure des traitements sûrs et rapides est passée.

L'entérite interstitielle chronique résiste souvent de longues années aux traitements les mieux dirigés et les plus rationnels.

Les moyens hygiéniques priment tous les autres, et les plus minutieux ne sauraient être taxés d'exagération.

Le régime alimentaire sera soigneusement prescrit ; les substances fortement animalisées sont celles qui conviennent le mieux. Telles sont le lait, les œufs, les viandes, certains poissons à chair ferme et alibile. On écartera les végétaux en général, à l'exception de quelques féculents, de facile digestion, sous forme de purée ou de bouillie, comme le riz, la pomme de terre, les pois, le tapioca. Les stimulants réussissent peu d'ordinaire. On proscrira le café, le thé, les liqueurs, les vins très-alcooliques. Le vin de Bordeaux seul en petite quantité doit être toléré.

L'habitation sera bien exposée et exempte d'humidité ; le vêtement léger et chaud.

On évitera la fatigue musculaire, les longues courses à pied et même en voiture. Sans rester confiné trop étroitement, le malade gardera, autant que possible, le repos une partie du jour, dans la position horizontale, ce moyen étant, en cette circonstance, tout aussi souverainement efficace que dans le traitement des maladies des organes génito-urinaires.

Les principaux symptômes seront l'objet d'indications variables, selon qu'il s'agira de constipation opiniâtre, de diarrhée, de troubles nerveux.

Contre les accidents de contracture anale ou uréthro-vésicale, j'ai employé avec succès les lavements avec 1 ou 2 grammes d'hydrate de chloral pris chaque soir. Difficilement supportés les premiers jours, il s'établit bientôt une tolérance complète, et le soulagement est des plus marqués.

On sera souvent contraint d'appliquer sur la paroi abdominale une succession de révulsifs. Je dois déclarer que ces agents m'ont toujours semblé d'une efficacité douteuse.

J'attache plus de prix à un traitement interne par l'iodure de potassium aux doses minimes de 25 à 50 centigrammes par jour. Il excite souvent à un haut degré les fonctions digestives et agit, chez certains sujets, comme un puissant résolutif.

Parmi les agents eupeptiques, ceux qui trouvent ici le plus fréquemment leur application sont les alcalins sous toutes leurs formes, particulièrement le carbonate de lithine chez les sujets entachés de goutte ; les amers, la noix vomique, le charbon végétal, assez souvent aussi le quinquina et les préparations ferrugineuses.

Quant à cet état névropathique qui s'empare si souvent des malades atteints d'entérite interstitielle chronique, il réclame une attention toute spéciale.

Il faudra mettre en œuvre, *intus* et *extra*, les grandes modificateurs du système nerveux. Le bromure de potassium, l'hydrothérapie se recommandent par leurs nombreux succès.

On pourra encore tirer grand profit des traitements thermaux de Vichy, de Plombières, de Bagnoles (Orne), selon la constitution du sujet. Une longue saison de bains de mer, avec recommandation de les prendre de courte durée (5 à 6 minutes environ), m'a donné des succès inespérés.

La distraction sans fatigue, l'éloignement de tout souci, seront comptés comme de puissants auxiliaires dans ce traitement, qui consiste, par-dessus tout, à entretenir des digestions faciles et réparatrices.

CONCLUSIONS. — Presque tous les auteurs ont, jusqu'à présent, confondu et décrit sous le nom générique d'entérite les différentes formes que peut prendre, en dehors de toute étiologie spécifique, l'inflammation intestinale.

Or, l'une de ces formes, tout au moins, mérite une étude distincte qui s'impose au nom de l'anatomie pathologique et de l'observation clinique.

Cette variété d'entérite, très-fréquente pour les praticiens qui savent la reconnaître, est celle que l'on a dénommée quelquefois entérite membraneuse, pseudo-membraneuse, croupale, et que je propose d'appeler entérite interstitielle, par opposition à l'entérite catarrhale ou superficielle, dont elle diffère essentiellement.

L'entérite interstitielle occupe presque exclusivement le gros intestin, en totalité ou en partie. Elle comprend, à titre de sous-variétés, les inflammations localisées quant au siége anatomique, auxquelles on a donné les noms de typhlite, de colite, de dysenterie sporadique.

Les lésions en sont plus profondes, plus graves que celles de l'entérite catarrhale ou superficielle; elles s'étendent au delà de la muqueuse et souvent à toutes les tuniques intestinales, ainsi qu'au tissu conjonctif interposé. Entre autres différences symptomatiques, il faut signaler la constipation habituelle et l'expulsion avec les déjections alvines de pseudo-membranes et de matières glaireuses ou gélatiniformes.

Cette maladie, contrairement aussi à l'entérite catarrhale, a la plus grande tendance à passer à l'état chronique, et peut durer alors un temps indéterminé se mesurant parfois par vingt et trente années.

Sous cette forme chronique, elle entraîne souvent, avec l'hypochondrie, le développement, par action réflexe, de symptômes nerveux multiples hystériformes, même chez l'homme.

Le diagnostic est souvent mis en défaut, si l'on ne songe pas à l'examen indispensable des garde-robes.

La pathogénie de cette affection ne saurait faire incriminer aucun agent spécial univoque ; elle emprunte ses éléments à toutes les causes habituelles des inflammations franches et, dans certaines circonstances, à la nature défectueuse des *ingesta*.

Le traitement n'a rien à demander aux spécifiques ; il s'appuie sur l'observation rigoureuse de toutes les règles de l'hygiène et sur l'application de quelques médications appropriées aux symptômes et à l'état général.

ASSOCIATION FRANÇAISE
POUR L'AVANCEMENT DES SCIENCES

EXTRAIT DES STATUTS ET RÈGLEMENT

Votés par l'Assemblée générale du 27 août 1874.

STATUTS.

Art. 4. — L'Association se compose de membres fondateurs et de membres ordinaires ; les uns et les autres sont admis, sur leur demande, par le Conseil.

Art. 5. — Sont membres fondateurs les personnes qui auront souscrit à une époque quelconque une ou plusieurs parts du capital social : ces parts sont de 500 francs.

Art. 7. — Tous les membres jouissent des mêmes droits. Toutefois les noms des membres fondateurs figurent perpétuellement en tête des listes alphabétiques, et les membres reçoivent gratuitement pendant toute leur vie autant d'exemplaires des publications de l'Association qu'ils ont souscrit de parts du capital social.

RÈGLEMENT.

Art. 1er. — Le taux de la cotisation annuelle des membres non fondateurs est fixé à 20 francs.

Art. 2. — Tout membre a le droit de racheter ses cotisations à venir en versant une fois pour toutes la somme de 200 francs. Il devient ainsi membre à vie.

La liste alphabétique des membres à vie est publiée en tête de chaque volume, immédiatement après la liste des membres fondateurs.

Les souscriptions sont reçues :

Au Secrétariat, 76, rue de Rennes ;

Chez M. Masson, *trésorier*, 17, place de l'École-de-Médecine.

Les souscriptions des membres fondateurs pouvant être versées en une seule fois,
ou en deux versements de chacun 250 francs.